AF339511

L'AUBERGE

DE LA COTE-D'OR

VAUDEVILLE EN UN ACTE

PAR

M. PAUL ROCHE

Couplets de M. RENAUD, Musique de M. KRIESEL

Représenté pour la première fois à Paris le 5 Mai 1858

PARIS

IMPRIMERIE DE CHARLES JOUAUST

RUE SAINT-HONORÉ, 338

1858

Personnages.   **Acteurs.**

AUGUSTE DE SAINT-APLOMB, jeune premier co-
mique, 28 ans . . . . MM. GASPARI.

CARLZ, jeune premier amoureux, 26 ans . . . .   PAUL.

UN MARCHAND DE BESTIAUX. . . . .   LÉON.

UN GARÇON D'AUBERGE . . . .   DARCOURT.

CATHERINE, jeune première ingénuité, 20 ans.   . Mmes DESJARDINS.

Mme POMMECHAIX, aubergiste, 50 ans . . . .   GAUTIER.

JUSTINE . . . .   LOUISE.

VOYAGEURS, VOYAGEUSES.

———————

La scène se passe à Dijon, en 1857, dans une auberge en face de la station
du chemin de fer.

NOTA. Les indications sont prises de droite et de gauche de l'acteur.

L'AUBERGE DE LA COTE-D'OR

Le théâtre représente une petite salle d'auberge à pans coupés, laissant voir sur la gauche l'embarcadère du chemin de fer ; à droite, un bosquet avec table et chaises. Au premier plan de droite, une armoire à vaisselle ; au premier plan de gauche, une table avec chaises. Au deuxième plan du même côté, une porte conduisant dans l'intérieur de l'auberge ; au deuxième plan de droite, une grande cheminée de campagne. Un peu au-dessus, au troisième plan, une porte communiquant dans la grande salle des voyageurs. Une grande table longue au milieu de la scène, avec chaises autour ; un banc de bois, face au public, devant la table ; un escabeau près de la cheminée. Il y a du feu dans la cheminée ; marmite pleine de pommes de terre, etc.

SCÈNE I.

Mme POMMECHAIX, JUSTINE.

Mme POMMECHAIX, *appelant.*

Justine ! Justine !... Mais voyez donc où qu'a peut être. Ah ! Dieu du ciel, v'là bentôt l'heure de l'arrivée du convoi, et rien n'est dressé... (*Appelant.*) Justine !

JUSTINE, *un panier de pommes de terre sous le bras.*

Mé v'là, Madame !

Mme POMMECHAIX, *l'imitant.*

Mé v'là, Madame.... C'est donc finalement que vous perdez la tête !... D'où que vous venez ?

JUSTINE.

Eh ben, Madame, je v'nons de porter les effets de M. Boret, comme vous m'l'aviez dit.

Mme POMMECHAIX, *en colère.*

Est-ce qu'il fallait une heure pour ça? Et Jean, ous qu'il est aussi, celui-là?

JUSTINE, *avec un gros rire.*

Jean!... ah ben..... il est tombé dans le ruisseau et y s'fait sécher.

Mme POMMECHAIX.

En v'là encore un paresseux! Va l'y dire que c'est l'heure de donner le picotin au voyageu du numéro 16... et si dans dix minutes vos couverts n'sont point mis, j'vous donne vot' compte c'soir.

JUSTINE.

Soyez tranquille, Madame, j'allons nous dépêcher. (*Elle sort lentement.*)

Mme POMMECHAIX, *la poussant, lui prend le panier de pommes de terre.*

Allons, allons, et plus vite que ça! secouons-nous un peu. (*La bonne disparaît.*) Ah! l'endormie... Si je ne fais point tout ici, rien n' se fait, quelle galère... quelle galère! (*Elle va s'asseoir sur le banc et se dispose à peler ses pommes de terre.*)

SCÈNE II.

Mme POMMECHAIX, CATHERINE, *descendant au numéro 1.*
Elle est extrêmement bien mise, quoique en tenue de voyage.

CATHERINE.

Eh! mon Dieu, ma bonne madame Pommechaix, qui donc vous met si fort en colère?

Mme POMMECHAIX.

Ah! c'est vous, chère enfant... Oh! c'est rien..... c'est ces gueux de domestiques qui sont en retard, et le convoi de Paris qui va arriver...

CATHERINE.

Déjà!... Mais où donc est mon oncle? je ne l'ai pas encore vu.

Mme POMMECHAIX.

Ah dame! il est sorti de bonne heure pour terminer toutes ses affaires : car c'est ben décidément aujourd'hui que vous nous quittez.

CATHERINE.

Oui, oui, voilà bientôt trois mois que nous sommes partis de Pornic, et la présence de mon oncle devient tout à fait indispensable là-bas.

Mme POMMECHAIX.

C'est trop juste, les affaires avant tout... Pour lors, à ce matin, vous dormiez d'un si profond sommeil qu'il n'a point osé vous éveiller... Ah! a-t'y l'air de vous mettre dans du coton, le bonhomme!

CATHERINE.

Mon bon oncle. (*Elle s'assied.*)

Mme POMMECHAIX.

Ah çà, maintenant que nous v'là seules, car depuis trois jours que vous êtes descendue cheux nous, y a pas eu moyen d'vous avoir une minute, dites-moi donc pourquoi, quand j'ons demandé des nouvelles du p'tit Louis, l'fils de

vot' oncle, qu'y m'a répondu brutalement et qu'vous m'a-
vez fait des signes? Est-ce qu'y serait malade, hein? Est-ce
qu'y serait mort?

CATHERINE, *se levant et amenant M*^me^ *Pommechaix sur
le devant de la scène.*

Ah! pis que tout cela, ma bonne madame Pommechaix!

Mme POMMECHAIX.

Bah!... Comment c'pauv' père Boret aurait tant de
chagrin qu'ça avec sin fieu!

CATHERINE.

Hélas! voilà six ans que mon oncle n'a plus de fils,
et moi je n'ai plus ni cousin... ni... (*Elle pleure.*)

Mme POMMECHAIX.

Ah! l' pauv' bonhomme! (*Se reprenant.*) Ah! pardon,
Mam'selle, si j'cause ainsi de M. Boret; mais voyez-vous
v'là bentôt quarante-cinq ans que j'l'connais, c'est pourquoi j'm'permets de m'intéresser aux chagrins de c't'-
homme ainsi qu'aux vôtres, Mam'selle.

CATHERINE.

Je vous remercie, Madame.

Mme POMMECHAIX.

J'vous ons vue toute petiote. Ah!... Et dame, à c't'épo-
que, vous portiez des sabots, un p'tit cotillon court et une
cornette.

CATHERINE.

Heureux temps!

Mme POMMECHAIX.

Aussi, quand j'vous ons revue avec ce changement, belle comme une gerbaude, blanche comme un satin , instruite, avec de belles manières et mise comme une grande dame... ah! j'ons ben regretté d'n'avoir qu'une auberge : car ici vous n'êtes point à vot' place.

CATHERINE.

Ah! madame Pommechaix, c'est mal ce que vous dites là. Où puis-je être mieux? entourée de braves gens qui m'aiment, qui préviennent mes moindres désirs. Non..... Mon oncle voulait que je descendisse à l'hôtel du Nord, mais je n'ai pas voulu, j'ai tenu à venir avec lui ici : il y a ses habitudes, ses amis.

Mme POMMECHAIX.

Et vous avez ben fait, à la bonne heure... Vous n'êtes point fière; ah ! quel trésor pour c'ly qui...

CATHERINE, *embarrassée.*

Madame Pommechaix...

Mme POMHECHAIX.

Tiens ! eh ben, est-ce que le mariage vous fait peur? (*Catherine baissc les yeux.*) Il faudra ben cependant... hein ?

CATHERINE.

Non, madame Pommechaix, non, je ne me marierai jamais.

Mme POMMECHAIX.

Ah!... et pourquoi ça?

CATHERINE.

Parce que..... parce qu'on ne veut pas de moi.

Mme POMMECHAIX, *indignée*.

Et qui donc ça?

CATHERINE.

Louis.

Mme POMMECHAIX.

Patatras! ah je comprends tout: vos signes, la mauvaise
humeur de vot' oncle. Mais comment que ça se fait qu'c'petit scélerat vous dédaigne? vous, une créature du ciel!
Mais, il ne trouvera jamais mieux!

CATHERINE.

Il faut croire que si, puisqu'il m'a oubliée; et pourtant
ce n'est pas ce qu'il m'a juré le jour de son départ.

Mme POMMECHAIX.

Ah! il vous jurait?... Ils sont ben tous les mêmes.

CATHERINE, *avec simplicité*.

Dame! il disait qu'il m'aimait, et moi je le croyais, car
chaque matin, je trouvais, en m'éveillant, un petit bouquet
qu'il jetait adroitement sur ma fenêtre; ces fleurs, je les
gardais précieusement. Je ne faisais pas mal assurément,
puisqu'il devait être mon mari, et que ma mère et mon
oncle semblaient encourager notre amour. Enfin, mon oncle, qui voulait faire de son fils un monsieur, comme il disait, résolut d'en faire un avocat, et il partit pour Paris.
Dès lors, il fut perdu pour nous. Lancé dans un certain
monde, il ne pensa plus qu'à ses plaisirs; il fit des dettes.
Mais ce qui mit le comble à son affreuse conduite... Oh!
tenez, rien que d'y penser, c'est horrible! Il osa aimer une
comédienne; il oublia tout pour elle: ses devoirs, sa fa-

mille, les serments qu'il m'avait faits, tout! Son père partit alors pour Paris, dans l'espoir de le ramener ; mais, hé-
·las! il était parti avec cette femme, et lui-même s'était
fait comédien.

Mme POMMECHAIX, *avec horreur.*

Oh !...

CATHERINE.

De ce jour, son père ne voulut plus en entendre parler ;
il le déshérita... Et quand on lui demande des nouvelles de
son fils, il fronce le sourcil et répond : « Je n'en ai plus ! »
Alors, toute sa tendresse se reporta sur moi ; j'étais sa
seule consolation ; et, de mon côté, je jurai de ne plus le
quitter et de ne jamais me marier. O mon bon oncle, c'est
bien vous seul que j'aime maintenant : car lui, mérite-t-il
un souvenir? Et si j'en parle aujourd'hui, c'est parce que
vous m'interrogez ; sans cela, je n'en parle jamais! oh jamais! je l'ai oublié, complétement oublié. (*Elle pleure dans
les bras de Mme Pommechaix.*)

Mme POMMECHAIX, *attendric.*

Oh! pauv'petiote!... pauv'petiote ! (*Avec explosion.*) Ah !
les gredins d'hommes! à la ville comme à la campagne,
c'est ben tous la même marchandise. Allons, allons... es-
suyons ces jolis yeux, qu'ça pourrait les abîmer... Et... on
ne sait pas ce qui peut arriver.

CATHERINE.

Oh! jamais, Madame.

Mme POMMECHAIX.

Laissez donc! laissez donc! Moi aussi j'ai dit : Oh! ja-

1*

mais ! Ça ne m'a pas empêchée de me marier trois fois, et je n'en suis pas plus avancée qu'avant.

JUSTINE, *entrant, suivie de Jean.*

Dites donc, bourgeoise, entendez-vous ? v'là l'convoi...

Mme POMMECHAIX.

C'est bon ! c'est bon ! (*A Catherine.*) Allons, mon enfant, montez dans vot' chambre... j'vous appellerai dès que vot' oncle s'ra de retour, et ne pensez plus à tout ça.

CATHERINE, *en sortant.*

Oh ! soyez tranquille ; maintenant je l'ai complétement oublié.

Mme POMMECHAIX.

Hum... all' n'dit pas un mot de c'qu'elle pense, la p'tiote. (*Se retournant vers les domestiques.*) Allons, allons, vous autres, dépêchons-nous.

SCÈNE III.

Mme POMMECHAIX, JUSTINE, JEAN, LE MARCHAND DE BESTIAUX. VOYAGEURS, VOYAGEUSES. (*On voit arriver les voyageurs, qui sont introduits dans la grande salle par Jean et Justine.*)

CHOEUR.

Air de la Corde sensible.

Allons, allons, préparez vite
Tous vos plats et tout votre vin !
Car l'appétit qui nous excite
Est de ceux qui se portent bien.

LE MARCHAND DE BESTIAUX, *frappant sur la table.*

Eh vite! eh vite! Avez-vous d'la soupe, une omelette au lard, du jambon, de la salade?...

Mme POMMECHAIX.

Nous avons tout c'que vous voudrez, Messieurs, Mesdames. Donnez-vous la peine d'entrer dans la grande salle.

LE MARCHAND DE BESTIAUX.

C'est qu'nous sommes pressés, savez-vous, la p'tite mère...

Mme POMMECHAIX.

Soyez tranquilles... d'ici on entend parfaitement la cloche.

LES VOYAGEURS.

A la bonne heure! à la bonne heure!

REPRISE DU CHOEUR.

Sortie générale à gauche.

SCÈNE IV.

CARLZ, *entrant vivement. Il est en costume de voyage, casquette etc.*

Enfin, me voilà seul! Oh! ma tête! ma tête!... Comprend-on cela? depuis le départ de Paris, impossible de fermer l'œil; un animal qui n'a fait que parler, boire et chanter tout le temps... Deux fois je change de vagon, deux fois je le retrouve dans le même compartiment; on aurait dit qu'il me poursuivait. (*Il s'assied à droite.*) « Mais, Monsieur, laissez-nous donc dormir! » lui dis-je plusieurs fois.

« Eh! Monsieur, répondait-il, il faut bien se distraire. » Il est bien heureux, ce monsieur, de trouver des moyens de distraction. Ah! s'il était à ma place! — Oh! quelle existence!... Amélie... partie. — Oh mais elle reviendra, j'en suis sûr, car son cœur est sincère; et elle ne voudrait pas me tromper, moi qui ai tout sacrifié pour elle. Voyons, lisons encore une fois sa lettre. (*Il tire de sa poche un portefeuille dans lequel il cherche. Saisissant un papier.*) Non, — ceci c'est mon engagement que j'ai signé hier matin, et je suis en route aujourd'hui... Enfin! — (*Il cherche encore.*) Eh bien! mais... l'aurais-je perdue? Ah! la voilà! (*Il lit.*) « Mon pauvre Carlz, j'ai profité d'un engagement « très avantageux qui m'était offert pour l'étranger, et « suis partie sans avoir la force de te revoir : car alors, je « le sens, mon courage m'eût abandonnée. Fais donc tout « ce qui dépendra de toi pour te rapatrier avec ta fa- « mille, obtiens le consentement de ton père, et nous « pourrons encore être heureux. Mais rappelle-toi bien « qu'il n'est pas d'amour possible sans une position cer- « taine. Allons, courage, ami ; espérons en Dieu et en no- « tre amour. Celle qui t'aime pour la vie. AMÉLIE. » (*La lettre lui échappe des mains. — Avec désespoir.*) O mon Dieu! mon Dieu!

SCÈNE V.

CARLZ, JUSTINE.

JUSTINE.

Que désire Monsieur?

CARLZ.

Rien... Ah! si fait : avez-vous du papier, une plume et de l'encre?

JUSTINE.

Oui, Monsieur, nous avons tout cela.

CARLZ, *à lui-même.*

Sans position certaine, il n'est pas. .

JUSTINE, *qui a pris un buvard sur l'armoire à vaisselle.*

V'là du papier, Monsieur.

CARLZ, *à part.*

Oui... oui... sans plus tarder, écrivons à mon père. (*Haut.*) Bien ! de l'encre.

JUSTINE *va prendre l'encrier qui est sur la cheminée.*

Ah ! c'est vrai. V'là, Monsieur, v'là. (*Elle donne l'encrier à Carlz, qui va s'asseoir à la table qui est sous le bosquet.*) Mais il me semble que Monsieur serait beaucoup mieux sur cette table.

CARLZ.

Non, non... Merci.

JUSTINE.

Si Monsieur veut dîner : nous avons un bon potage aux choux, des côtelettes, du...

CARLZ, *impatienté.*

C'est bien ! c'est bien ! .. Tout à l'heure... J'attends quelqu'un.

JUSTINE.

A vot' aise, à vot' aise... Si Monsieur a besoin de quelque chose, Monsieur n'a qu'à appeler, Monsieur sera tout de suite servi. (*A part, en disposant les tables.*) Ah ! ben... ah ! ben... N'en v'là un, d'écrivassier !

2

CARLZ.

Ce n'est pas malheureux ! J'ai cru qu'elle ne me laisserait pas... Maintenant écrivons.

SCÈNE VI.

CARLZ, JUSTINE, DE SAINT-APLOMB.

DE SAINT-APLOMB, *en dehors*.

Oui... oui... c'est cela... donnez-lui à boire ; mais qu'il ne mange pas de viande, ça lui fait tomber le poil. (*On entend aboyer un gros chien.*) Eh ben ! eh ben ! Tout beau ! Allons ! restez là ; qu'est-ce que c'est que ça, donc ? Affreux polisson ! Brrrou !

JUSTINE.

Qu'est-ce qui nous arrive là ? Queuque marchand de bœufs, sans doute.

DE SAINT-APLOMB, *entrant. Il a une mise d'artiste et des manières très distinguées, quoique originales.*

Ah !... s'il n'y a pas de quoi avoir attrapé une extinction de voix, d'avoir pataugé comme ça dans la boue... Mais ces choses-là, ça n'arrive qu'à moi !

JUSTINE.

Tiens ! c'est un M'sieu. Votre servante, M'sieu.

DE SAINT-APLOMB.

La bonne ! Bonjour, la bonne. A-t-on idée d'une chance pareille ? Figure-toi que je descends le premier du wagon dans l'espoir de trouver au plus vite une auberge quelconque, afin de me refaire un peu ; mais, comme la station est longue, je me souviens que mon chien a sans doute besoin de boire, de manger, et... Enfin, je prie l'employé de lui ouvrir la porte de sa petite cage ; mais mon mâtin n'est pas plus tôt sorti, qu'il se prend de bec avec un autre quadrupède de son espèce... J'avais beau l'appeler ! Pist ! veux-tu venir ici ? Allons, tout de suite. Ah ! bien oui ! rien n'y faisait. Ils se regardaient tous les deux dans le blanc de l'œil, et, autant que j'ai pu en juger par leur langage de chiens, je crois qu'ils se disaient de très vilaines choses. (*Pendant ce récit, de Saint-Aplomb fait une cigarette, qu'il fume.*)

JUSTINE.

Ah ! ah ! les chiens sont si mal appris.

DE SAINT-APLOMB.

Bref ! de mots en mots, voilà l'autre qui saute à la gorge de Colibri.

JUSTINE.

Qu'est-ce que c'est que ça, Colibri ?

DE SAINT-APLOMB.

C'est le nom de mon chien. Dame ! Colibri, se voyant attaqué, se rebiffe, et les voilà tous les deux en pelote, se roulant dans la boue... « Courage ! courage ! s'écrie alors un affreux monsieur à barbe, qui portait un fusil, Robin des bois, sans doute... Courage, Turc ! » Mais pas du tout ! c'est que Colibri avait le dessus, et mon Turc reçoit une tripotée, oh ! mais une vraie tripotée. (*Justine et de Saint-Aplomb rient très fort. Carlz, impatienté, déchire sa lettre.*) Alors, le Monsieur voyant son chien dans cet état, prétend que c'est moi qui ai excité le mien. Je te demande

un peu!... Il y avait là une masse de monde d'à
uns criaient : Oui, oui, il a raison ! Les autres : Non, non,
il a tort ! Et ça faisait un vacarme...

Air nouveau de M. Kriesel

C'était pis qu'une lutte entre des avocats,
Pis que de jeune France à la Maison-Dorée,
Pis que les cuivre-Sax des nouveaux opéras,
Pis que des gens de Bourse en un jour de curée :
Et cependant, voyons, n'était-ce pas bien clair?
Pour juger les deux chiens, leur fallait-il une heure ?
La Fontaine l'a dit : même en chemin de fer,
La raison du plus fort doit être la meilleure.

JUSTINE.

Ah! ah! ah! c'est ben fait. (*Ils rient.*)

CARLZ, *impatienté, déchire encore sa lettre.*

Est-ce que ce Monsieur n'aura pas bientôt fini!

JUSTINE.

A propos, que faut-il servir à Monsieur?

DE SAINT-APLOMB, *à part.*

Ah! oui, j'attendais cette question. (*Haut.*) Eh bien! la
bonne, qu'avez-vous?

JUSTINE.

Bien des choses, Monsieur. D'abord, un bon potage aux
choux, du jambon, des côtelettes, de la salade, du...

DE SAINT-APLOMB.

Bon, bon, je vous dirai cela tout à l'heure ; j'attends un
ami.

JUSTINE.

Comme Monsieur voudra. Monsieur n'aura qu'à m'appeler, Monsieur sera tout de suite servi. (*A part, en sortant.*)
A la bonne heure, j'aime mieux celui-là, moi ; il a l'air
d'un bon vivant.

DE SAINT-APLOMB.

Enfin, qu'en adviendra-t-il ? Je l'ignore, mais je m'en
moque ! Brourrr... (*Il remonte et aperçoit Carlz.*) Ah ! quelqu'un ! (*Le reconnaissant.*) Tiens ! mon jeune ténébreux
du chemin de fer ! (*Il salue.*) Monsieur... Monsieur...
(*Carlz ne répond pas.*) Ah bien oui, je t'en fiche ! En voilà
un qui est amusant en voyage ; ne voulait-il pas nous empêcher de chanter ?.... Ah ! mais il n'y a pas eu moyen ; et,
d'ailleurs, je suis gai, moi, j'aime à rire... aussi, nous
nous en sommes flanqué une bosse dans le wagon, c'est-
à-dire que nous aurions été tous bossus, nous n'aurions
pas ri davantage... Ah ! nous en avons fait de ces balan-
çoires, avec mon ami l'homme à la goutte, un gros marchand de bestiaux qui avait une énorme gourde pleine
d'eau-de-vie, et qui m'a surnommé Rigolo, en me faisant
présent, comme souvenir, de cette blague bien garnie. (*Il
montre une blague en cuir.*) Il était temps, car je n'avais
plus de tabac et pas la moindre pièce d'or pour en acheter.
Et pourtant, entre nous, je... (*Il fait le geste de manger.*)
Mais... (*Il frappe sur son gousset.*) Enfin, refumons une cigarette pour tromper notre appétit, comme dans *Les Pauvres de Paris*. (*Il fait une cigarette.*) Ah ! que faire pour
tuer le temps. (*Regardant Carlz.*) Eh parbleu ! nous allons
causer, nous allons causer. (*Tout en faisant sa cigarette,
il remonte. A Carlz:*) Croyez-vous, Monsieur, que si l'on

rouvait le moyen d'établir un restaurant dans chaque wagon, ce serait une mauvaise idée? (*Carlz, sans rien répon-
dre, se lève avec humeur, prend sa lettre et va s'asseoir à
la table de droite.*) Est-il gai, cet animal-là ! (*Il redescend
à la cheminée, allume sa cigarette en chantant très fort.*)
« Un bon bourgeois dans sa maison, le dos au feu, le ven-
« tre à table... » (*Il rit.*) Ah ! non, pas à table. (*Allant à
Carlz.*) Dites donc, Monsieur, le dos au feu, oui ; mais le
ventre à table, non.

CARLZ, impatienté, se lève.

Ah cà, Monsieur... (*Le reconnaissant.*) Comment ! c'est
encore vous ?

DE SAINT-APLOMB.

Comment, c'est encore moi ?... Ah ! mais, dites donc,
vous...

CARLZ.

Vous me poursuivrez donc partout ?

DE SAINT-APLOMB.

Eh bien ! mais... je vous trouve charmant ; c'est vous
que je rencontre partout.

CARLZ.

Allons, allons, c'est bien, Monsieur. Allez, faites ce
qu'il vous plaira ; encore quelques heures de patience, et
il faut espérer que je pourrai être seul. (*En disant cela, il
traverse la scène et va s'asseoir devant la cheminée.*)

DE SAINT-APLOMB, assis sur l'extrémité de la grande table.

A-t-on jamais vu ? (*A lui-même, en considérant Carlz.*)

Pauvre jeune homme, il m'intéresse après tout... A-t-il l'air
ennuyé?... (*Comme frappé d'une idée.*) Ah!... si c'était un
amant malheureux; oh! à moi mon talisman, à moi! (*Il
cherche dans sa poche et s'empare d'un médaillon qu'il con-
sidère avec horreur.*) Ah!!! (*Il remet le médaillon dans sa
poche et se lève.*) Allons, docteur, voilà un malade qu'il faut
guérir. Oui, mais le sujet n'est pas commode; et qu'im-
porte! ne dois-je pas tout braver pour continuer ma noble
et sainte mission? Marchons. (*Allant à Carlz.*) Monsieur,
Monsieur.

CARLZ, avec résignation.

Monsieur?

DE SAINT-APLOMB, à part.

Tiens, il est radouci; la crise est passée, profitons-en.
(*Haut.*) Mon Dieu, Monsieur, je vais peut-être encore vous
ennuyer?

CARLZ.

Oh! faites, Monsieur, faites; j'y suis habitué maintenant.

DE SAINT-APLOMB.

Vous êtes bien bon, Monsieur... Il ne m'est encore jamais arrivé de voir souffrir quelqu'un sans chercher à le
soulager.

CARLZ.

Eh! qu'est-ce que cela me fait à moi, Monsieur?...

DE SAINT-APLOMB, à part.

Est-il aimable, hein? C'est égal, il faut que je sache à
tout prix si c'est l'amour qui le picote: car alors, oh! mal-
heur! Voyons, ne nous rebutons pas. (*Haut, en s'asseyant*

sur l'autre extrémité de la grande table.) Je vois, Monsieur, que vous me gardez rancune pour mes quelques plaisanteries du chemin de fer; eh bien! vous avez tort, car, après tout, ce n'est pas moi qui suis ennuyeux, c'est vous... (*mouvement de Carlz*) qui êtes ennuyé. Oui, Monsieur, oui, vous avez du chagrin, vous souffrez; en un mot, je connais votre maladie.

CARLZ.

Que voulez-vous dire, Monsieur?...

DE SAINT-APLOMB.

Air : *Mais ce garçon, quoiqu'il soit un peu bête* (Sœur de Jocrisse).

> Oui, c'est en vain que vous voilez votre âme,
> Je vous le dis, vous êtes amoureux !
> Au monde, il n'est qu'une histoire de femme
> Pour nous donner ce regard ténébreux ; (*bis*)
> Mais moi je suis, en telle épidémie,
> Un infirmier par lui-même éclairé :
> Je vais du mal faire l'anatomie,
> Et, de par Dieu! je vous en guérirai.

CARLZ , *se levant et traversant la scène.*

Me guérir... eh! Monsieur, vous êtes fou! Ah çà! est-ce que vous allez continuer vos mauvaises plaisanteries?... Je vous déclare...

DE SAINT-APLOMB , *s'emportant.*

Eh bien, non ! ce n'est pas une plaisanterie. Je parle sérieusement, car vous voyez devant vous une victime de la chose; j'ai étudié ce genre de médecine à mes dépens: aussi, pour me venger aujourd'hui, je veux, autant que faire se pourra, je veux, par mes conseils et ma vieille expérience, empêcher les autres d'être... ce que j'ai été.

CARLZ, *s'asseyant furieux.*

Oh! quel supplice, mon Dieu... quel supplice!

DE SAINT-APLOMB.

Et quand je rencontre sur ma route un frère atteint de l'épidémie, je lui offre dans les entr'actes de ma profession d'artiste dramatique...

CARLZ, *se retournant.*

Que dites-vous, Monsieur? Vous êtes artiste dramatique?

DE SAINT-APLOMB.

Hélas! voilà où m'a conduit mon amour pour les arts et les artistes... du sexe féminin. Une double Marco qui me tenait dans ses griffes... Aussi, ça n'a pas été long, en moins de quatre ans, j'en suis sorti comme un petit saint Jean.

Air nouveau de M. Kriesel.

Alors, m'étant par Cléopâtre
Poliment laissé renvoyer,
Mon amour me fit au théâtre
Me fourvoyer.
Opéra, drame et vaudeville,
A tout je me croyais du goût...
Le public fut plus difficile
Partout, partout!

CARLZ, *se levant.*

Vraiment ! vous êtes artiste dramatique ? Et y a-t-il de l'indiscrétion à vous demander votre nom ?

DE SAINT-APLOMB.

Oh ! pas le moins du monde ! Je me nomme Auguste de Saint-Aplomb,

CARLZ.

Mais,... attendez donc ! — vous allez à Besançon ?...

DE SAINT-APLOMB.

Oui — pour un mois seulement, — le temps de faire mes débuts comme partout. — Oh! ce n'est pas long avec moi. Mais, comment savez-vous?

CARLZ.

Eh parbleu! hier matin, à l'agence où j'ai signé mon engagement, j'ai beaucoup entendu parler de vous... Comment donc, mais enchanté de faire votre connaissance. (*Il frappe sur la table.*) Holà! garçon !

DE SAINT-APLOMB , *surpris.*

Mais alors vous êtes donc...

CARLZ.

Artiste dramatique , comme vous — et peut-être aussi comme vous pour la même cause.

DE SAINT-APLOMB.

Ah !... et vous allez ?

CARLZ.

A Besançon.

DE SAINT-APLOMB, *de plus en plus surpris.*

Tiens, tiens, tiens, tiens... Ah! c'est trop curieux!

JUSTINE, *entrant.*

Ces Messieurs ont appelé?

CARLZ.

Servez-nous à dîner.

JUSTINE.

Tout de suite, Messieurs. (*Elle sort et revient aussitôt avec un plateau sur lequel se trouve le dîner tout servi. qu'elle dépose sur la gauche de la grande table.*)

CARLZ.

Vous mangez un morceau avec moi, n'est-ce pas?

DE SAINT-APLOMB, *hésitant.*

Hum! — Hum! — Hum! (*A part.*) Avec lui, je ne dis pas, mais c'est que je ne pourrai pas payer avec lui. (*Haut.*) Hum! Hum! non, — non, — je n'ai pas faim.

CARLZ, *voyant son embarras.*

Comment! vous allez me laisser tout seul? Voyons, maintenant que nous nous connaissons, voulez-vous me faire l'amitié de partager mon dîner? Tenez, vous me rendrez service.

DE SAINT-APLOMB, *vivement.*

Par exemple! si c'est pour vous rendre service, croyez
bien...

CARLZ.

A la bonne heure! (*Ils se mettent à table.*)

ENSEMBLE.

Air : Polka.

Prodige étrange,
Destin charmant,
Qui nous arrange
Cet agrément,
A nous, contraires
Dans le wagon,
De boire en frères
Dans ce bouchon!

DE SAINT-APLOMB.

Il n'est friponne
A l'œil divin
Que je ne donne
Pour du bon vin.
Amour de femme
Dans les doigts fond.
Vin qu'on entame
Plaît jusqu'au fond.

REPRISE ENSEMBLE.

DE SAINT-APLOMB *coupe deux énormes morceaux de pain et mange avec avidité.*

Oh! c'est bien pour vous être agréable... Croiriez-vous, mon cher Monsieur... Monsieur?

CARLZ.

Carlz.

DE SAINT-APLOMB.

Monsieur Carlz. — Tiens! ça me rappelle que j'ai eu un oncle de ce nom, Carlz de Pollard, un vieux barbare qui a eu le toupet de se remarier juste au moment de... (*Regardant Carlz, qui ne mange pas.*) Eh bien! vous ne mangez pas? Ah! ah! permettez, c'est moi qui maintenant vais vous prier de vouloir bien me tenir compagnie. (*Il lui présente un plat.*) Allons, voyons!

CARLZ.

Non, merci... A boire seulement: j'étouffe, j'ai la poitrine en feu.

DE SAINT-APLOMB.

Oui, oui, oui, ça fait toujours cet effet-là. (*Avec un gros soupir.*) Ah! j'en sais quelque chose, allez!

CARLZ.

Vous?

DE SAINT-APLOMB.

Parbleu! croyez-vous donc que je ne connaisse pas aussi

bien que vous-même ce que vous éprouvez en ce moment?... Il est des symptômes qui ne trompent jamais :
vous êtes amoureux !

CARLZ.

Amoureux... non ! ce n'est pas de l'amour !

DE SAINT-APLOMB.

Mais, alors, voyons, cher monsieur Carlz, vous pouvez
avoir confiance en moi, car maintenant nous nous connaissons, et puisque le hasard vous a jeté sur ma route, eh
bien, dites-moi vos peines ; j'ai dans l'idée que je pourrai
vous être utile et peut-être vous rendre le calme et le bonheur.

CARLZ.

Le bonheur ! il n'en est plus pour moi !

DE SAINT-APLOMB.

Qui sait...

CARLZ.

Oh ! je le sais, moi ; allez, mon existence est à jamais
brisée, et pourtant la vie s'annonçait si belle pour moi...
Mais depuis six ans j'ai tout oublié, jusqu'à mon vieux
brave homme de père, jusqu'à ma fiancée, qui ne m'attend
plus sans doute... et cependant je l'aimais... oh ! mais d'un
véritable amour !

DE SAINT-APLOMB.

Ah ! c'était le bonheur.

CARLZ.

Oui, oui... Mais, une fois à Paris, tout changea d'aspect
pour moi! Le village s'effaça peu à peu de ma mémoire;
bientôt, il disparut dans un nuage épais devant lequel je ne
vis plus que joies et plaisirs; alors, je fréquentais les
bals, les concerts, les spectacles... puis... Ah! mon pauvre ami...

DE SAINT-APLOMB.

Allez, allez, je devine le reste, c'est mon histoire. Puis...
une femme...

CARLZ.

Oui, une femme, ou plutôt un démon : car, du jour où je
la vis pour la première fois, je ne sais quel pouvoir sur-
naturel s'empara de tout mon être; j'aurais voulu posséder
le monde entier pour le mettre à ses pieds, j'aurais donné
ma vie pour un seul de ses regards...

DE SAINT-APLOMB.

C'est bien ça... c'est bien ça... vous étiez ensorcelé!...
(*A part.*) C'est singulier, comme c'est mon histoire!

CARLZ.

Mais, mon pauvre père ne tarda pas à connaître la vé-
rité; il m'ordonna alors de partir sur-le-champ...

Air : *Quand sur ma toile* (L'image).

Mais p artir, hélas! le pouvais-je,
Quand cette femme à son baiser

M'enchaînait par un sortilége
Qu'on aime trop pour le briser?
Non, dans le courant qui m'entraîne,
Plongeant avec témérité,
De mon cœur j'ai rivé la chaîne
Et près d'elle je suis resté.

Ce fut fini, mon père ne m'écrivit plus; mais, comme il
me fallait de l'argent à tout prix, je fis des emprunts sur
l'avenir, des dettes énormes; enfin, à bout de ressources,
et plutôt que de me séparer de cette femme, je partis
avec elle, et, quelque temps après, je débutai comme artiste dramatique au théâtre de Valenciennes.

DE SAINT-APLOMB, *se levant.*

Ah! décidément, c'est tout à fait mon histoire... (*A part.*)
Il ne manquerait plus que ce fût la même femme... (*Haut.*)
Ah! mon pauvre monsieur Carlz, nous sommes bien malade... Mais, soyez tranquille, vous guérirez. Tenez... je
ne vais pas vous raconter mon histoire, ce serait abso-
lument répéter ce que vous venez de me dire; seulement, moi, je n'ai pas été complétement rétabli; il y a un
côté qui est resté paralysé : le côté du porte-monnaie.
Ah! dame! j'étais maître de ma fortune, et tout y a passé...
Oh! nettoyé de fond en comble! On avait bien encore quelque espoir sur l'oncle Pollard; mais, dès qu'on apprit que
le vieux malfaiteur s'était remarié, je crus remarquer que
dans l'amour de ma Cléopâtre il n'y avait plus qu'un bé-
mol à la clef... Hélas! je ne m'étais pas trompé : un beau
jour, en rentrant de faire une longue course, dont elle
m'avait chargé, la portière me remit une lettre en me di-

sant d'un ton goguenard... (*Il imite la portière.*) « Madame est partie ! » Comment ! Madame est partie ? m'écriaije avec l'accent de la douleur... En effet, j'ouvre la lettre et je lis les mots qu'elle avait écrits en style nègre : « Non ! non, non, non ! Moi plus pouvoir continuer petite « existence de débine, vous partir pour Californie et re- « venir avec gros sac ; sans ça, bernique, moi partir pour « les Indes. » Hein !... croyez-vous qu'elle était forte, celle-là ? Alors, j'étais désolé, je voulus me tuer de désespoir ; mais, par bonheur, j'eus le temps de la réflexion, et alors...

RONDEAU : **Air nouveau de M. Kriesel.**

J'ai juré de montrer partout
Le démon caché dans les femmes
Et d'en inspirer le dégoût
En dévoilant toutes leurs trames.
Et quand, pavillon frêle, un malheureux enfant
Aux éclairs de l'amour se brûle les deux ailes,
Que son cœur est brisé sous un poids étouffant,
Moi, j'accours aussitôt lui montrer les ficelles :
Vois, lui dis-je, pauvre nigaud,
Celle dont tu faisais un ange ;
Ton rêve au ciel plaçait Margot
Et tu barbotes dans la fange !...
De ses amours alors il me fait le roman,
Mais des illusions je suis l'anthropophage...
Il résiste... nisco ! j'ai là mon talisman...
(*Désignant sa poche.*)
Qu'il me suffit de voir pour reprendre courage....

Croyez-moi, vous l'oublierez....

CARLZ.

Oh ! jamais. Je mourrai plutôt.

DE SAINT-APLOMB.

Laissez, laissez donc !... J'en suis bien revenu, moi,
et j'ai voulu me tuer aussi. Croyez-moi, Carlz, ne vous
fourvoyez pas davantage ; partez, rentrez dans votre famille, qui sera trop heureuse de vous revoir ; épargnez à
votre père une vieillesse triste et pénible, à vous des re-
mords éternels ; et un jour, au comble du bonheur, en-
touré d'une famille plus nombreuse encore... (*il fait un
geste qui indique les petits enfants*) vous penserez à moi,
qui ne suis qu'un fou, un toqué, mais qui vous aurai
donné un bon conseil... Et là-dessus, je vais refumer une
cigarette, toujours comme dans *Les Pauvres de Paris*.

CARLZ.

Vous avez peut-être raison ; mais cela est impossible...
Puis-je maintenant retourner dans un village, épouser une
petite paysanne en cornette et en sabots, passer mon
temps à surveiller des ouvriers ou à inscrire des sacs de
farine ?... Allons donc !... Aussi, j'y suis bien décidé... Et si
mon père refuse son consentement à mon mariage... il est
des moyens d'en finir tout à fait. (*Il remonte.*)

DE SAINT-APLOMB.

Malheureux !!! — Donnez donc de l'éducation à vos enfants !... Ah ! voyez-vous, tout cela ne vaut pas... (*Il lui
offre du vin.*) Vous en offrirai-je ? (*Il trinque.*) Allons, à
votre prompte guérison ! (*Ils boivent.*)

SCÈNE VII.

Les Mêmes, CATHERINE.

CATHERINE.

Décidément, mon oncle ne vient pas; je commence à m'ennuyer, toute seule. (*Elle a revêtu un grand mantelet de voyage et porte son chapeau à la main.*)

CARLZ, *apercevant Catherine.*

Tiens! mais je connais cette femme...

DE SAINT-APLOMB.

Oh! la jolie petite... (*Se reprenant.*) L'affreuse petite femme! (*Ils saluent Catherine, qui leur rend leur salut.*)

CATHERINE *dépose son chapeau sur la table, s'assied et tire de sa poche un petit carnet.*

Ah! n'oublions pas les adresses de mon oncle. (*Elle écrit.*)

CARLZ.

C'est singulier... Quel souvenir... Mais où donc l'ai-je déjà vue?

DE SAINT-APLOMB.

Quelque actrice, sans doute, et qui va peut-être aussi à Besançon... Attendez, je vais lui demander...

CARLZ, *l'arrêtant.*

Non, non.

DE SAINT-APLOMB.

Laissez donc, laissez donc... (*Allant à Catherine.*) Mon
Dieu, Madame...

CATHERINE.

Monsieur ?

DE SAINT-APLOMB.

Pardon, mille fois pardon... C'est mon ami qui croit...

CARLZ.

Oui, Madame, il me semblait...

CATHERINE, *se levant et regardant Carlz.*

En effet, j'ai déjà vu Monsieur; mais... (*Ils se regardent
et cherchent à se rappeler.*)

DE SAINT-APLOMB, *à part.*

Bon, voilà le fluide magnétique qui fait son effet; oh !
profitons de cette circonstance, et traitons mon malade
par l'homéopathie. (*A Catherine.*) Hélas, Madame, pardon-
nez son erreur; mais, que voulez-vous, le pauvre garçon
est fou. (*Mouvement de Catherine.*) Fou d'amour pour une
femme qui l'a dédaigné.

CATHERINE, *avec intérêt.*

Ah !...

DE SAINT-APLOMB, *à part.*

Ça ne manque jamais son effet. (*A Carlz.*) O mon
ami, l'adorable créature! tout en elle respire... oh! je ne
m'y trompe pas, c'est un ange! c'est un ange!

CARLZ.

Oui ! je ne sais pourquoi, mais sa vue me rend heureux.

DE SAINT-APLOMB.

V'lan ! ça y est.

SCÈNE VIII.

Les Mêmes, LE MARCHAND DE BESTIAUX.

LE MARCHAND DE BESTIAUX.

Eh ! eh ! eh ! eh ! vous v'là, vous, farceur ! (*Il est un peu gris.*)

DE SAINT-APLOMB, *à part,*

L'homme à la goutte ! Que le diable l'emporte celui-là !
Juste au moment de...

LE MARCHAND DE BESTIAUX.

Faites excuse ! M'sieux, Madame et l's'autres, c'est
notr' Rigolo que j'v'nions chercher. (*Lui frappant sur l'é-
paule.*) Ah çà ! où qu' c'est qu'vous êtes donc passé vous,
hein ? j'vous ons cherché comme une botte de foin dans
une aiguille. (*Il rit très fort.*)

DE SAINT-APLOMB.

Chut ! chut ! chut ! chut !... Oh ! mon ami, c'était bon dans
le wagon.

LE MARCHAND DE BESTIAUX.

Oh ! oh ! oh ! oh ! cré coquin de bonsoir de Rigolo... Tu
vas v'nir boire un verre de vin avec nous.

DE SAINT-APLOMB.

Ah non !

LE MARCHAND DE BESTIAUX.

Cré nom ! si tu m'refuses, j't'enlève comme une soupe au lait ! (*Il empoigne de Saint-Aplomb.*)

DE SAINT-APLOMB, *se dégageant.*

Ah çà, voulez-vous bien me lâcher, fichtre !

LE MARCHAND DE BESTIAUX.

Oh ! n'y a pas... nous sommes là une quinzaine de bons vivants et y faut qu't'en sois, ou ben qu'si vous êtes en société et que M'sieu et Madame (*ôtant son chapeau*) m'fassent l'amitié d'accepter un verre, j'allons chercher l's'autres et j'venions tous nous établir ici.

DE SAINT-APLOMB.

Non, non ! par exemple, j'aime encore mieux... (*A Carlz.*) Attendez-moi cinq minutes, je vais m'en débarrasser tout de suite.

LE MARCHAND DE BESTIAUX.

Eh ben ! alors, en route. (*Il prend de Saint-Aplomb sous le bras.*) Oh ! d'abord je te quitte point.

DE SAINT-APLOMB.

Trop aimable ! (*A part.*) Sapristi ! si jamais on m'y reprend... (*Haut.*) Enfin, allons-y gaiement !

ENSEMBLE :

Air : Ohé ! ohé, les autres, ohé !

Ohé ! ohé ! courons, ohé !
Dépêchons-nous, puisqu'il faut boire...
Ohé ! ohé ! courons, ohé !
Diable soit de la balançoire !

LE MARCHAND DE BESTIAUX.

Ohé ! ohé ! les autres, ohé !
On va blaguer, versez à boire...
Ohé ! ohé ! les autres, ohé !
T'nez-vous prêts pour la balançoire.

(Ils sortent bras dessus bras dessous.)

SCÈNE IX.

CATHERINE, CARLZ.

CARLZ.

Ah ! ah ! ce pauvre de Saint-Aplomb !

(Catherine va pour sortir.)

CARLZ.

Oh ! pardon, Madame. Mais avant permettez-moi de vous témoigner mes regrets, et veuillez accepter mes excuses pour ma méprise de tout à l'heure.

CATHERINE.

Mon Dieu, Monsieur... moi-même ne croyais-je pas vous avoir déjà vu ?

CARLZ.

Je regrette, Madame, qu'il n'en soit pas ainsi.

CATHERINE, *saluant et allant sortir.*

Monsieur...

CARLZ, *l'arrêtant.*

De grâce, Madame, plus qu'un mot.

CATHERINE.

Mais, Monsieur...

CARLZ.

Je ne saurais dire ce que j'éprouve en ce moment auprès de vous; mais, comme dans un rêve, je me trouve transporté aux jours heureux de mon enfance.

(*Musique jusqu'à la fin de la scène.*)

CATHERINE, *avec pressentiment.*

Mon Dieu...

CARLZ.

Tout en vous, jusqu'au son de votre voix, me rappelle celle qui devait être la compagne de ma vie, que je ne reverrai peut-être jamais, mais dont le souvenir restera toujours saint et pur !

CATHERINE, *très émue.*

Et... cette femme... vous l'avez perdue?

CARLZ.

Perdue ! — Oui... car maintenant... et d'ailleurs, ma vie

ne m’appartient plus. — Une volonté plus puissante que la mienne me pousse vers un abîme...

CATHERINE.

Croyez, Monsieur, que je vous plains sincèrement; mais ne désespérez pas du ciel : avec un repentir sincère on obtient toujours son pardon.

CARLZ.

Vous êtes bonne, Madame. Ah! que n’êtes-vous celle... Pardon! ah! tenez je suis un fou! un insensé! car, après tout, Catherine n’était qu’une paysanne, tandis que vous, Madame... (*Catherine chancelle, Carlz court à elle et la fait asseoir à droite.*) Mais... vous pâlissez... Qu’avez-vous, Madame? Voulez-vous que j’appelle?

CATHERINE, *revenant à elle.*

Non... non, merci, ce n’est rien... un souvenir.

CARLZ, *à genoux.*

Oh! pardonnez-moi, Madame, d’avoir été la cause involontaire de votre douleur... et croyez que cet instant passé près de vous ne s’effacera jamais de ma mémoire.

SCÈNE X.

LES MÊMES, DE SAINT-APLOMB, Mme POMMECHAIX.

DE SAINT-APLOMB.

M’en voilà débarrassé! (*Apercevant Carlz à genoux.*) Oh! oh! (*Il reste au fond.*)

Mme POMMECHAIX , *courant à Carlz.*

Eh ben ! eh ben ! à quoi donc qu'vous pensez, vous ?

CATHERINE, *bas à Mme Pommechaix.*

Venez... venez... vous saurez tout.

Mme POMMECHAIX.

Ah !... mais...

CATHERINE.

Silence ! silence !

ENSEMBLE.

Air du Pré aux Clercs.

DE SAINT-APLOMB.

Oh ! la bonne affaire !
Oh ! les doux attraits !
Comme ils ont su faire
Ce que j'espérais !

CATHERINE.

Adieu sur la terre,
Amour plein d'attraits ;
Mon âme doit taire
Ce que j'espérais !

CARLZ.

Un vague mystère
Plane sur ses traits,
Et je ne puis taire
Qu'en eux j'espérais.

Mme POMMECHAIX.

Quelle étrange affaire
A mes yeux paraît !
Mais il n'a pu faire
Ce qu'il espérait.

DE SAINT-APLOMB.

Tout marche à merveille.

CARLZ.

Mon âme s'éveille.

CATHERINE.

C'est par trop souffrir...
Je n'ai qu'à mourir.

REPRISE DE L'ENSEMBLE.

(*Catherine et M*^{me} *Pommechaix sortent. Carlz reste pensif sur le devant de la scène; de Saint-Aplomb, dans le fond.*)

SCÈNE XI.

CARLZ, DE SAINT-APLOMB.

DE SAINT-APLOMB, *à part.*

Il paraît que ça a marché. — Allons! mon client est un bon malade... Après ça, le remède est facile à prendre... Si les pharmaciens n'en tenaient que de comme ça, ils feraient de brillantes affaires. (*Il descend gravement à Carlz et lui prend la main.*) Eh bien, mon ami, comment vous sentez-vous?

CARLZ.

Ah! vous voilà... Savez-vous quelle peut être cette femme?...

DE SAINT APLOMB, *gravement.*

Cette femme?... cette femme est l'élixir bienfaisant qui doit purger votre âme d'un amour empoisonné.

CARLZ.

Oui... vous avez raison, car près d'elle l'émotion que

j'éprouvais était douce. Aussi, il faut que je la revoie...
il faut... (*Il remonte, puis il s'arrête tout à coup.*) Mais,
Amélie... puis-je ainsi?

DE SAINT-APLOMB.

Allons, bon! revoilà Amélie! Mais c'est de l'histoire an-
cienne, mon cher. Amélie!... Elle est déjà bien loin, si elle
court toujours.

CARLZ.

Elle m'aime!

DE SAINT-APLOMB.

Laissez-moi donc tranquille! elle se moque pas mal de
vous.

CARLZ.

Elle reviendra?

DE SAINT-APLOMB.

Elle?... Jamais de sa vie.

CARLZ.

Vous vous trompez... Tenez, tenez, lisez plutôt. (*Il lui
donne la lettre d'Amélie et remonte.*)

DE SAINT-APLOMB, *à part, reconnaissant l'écriture.*

Qu'ai-je vu?... cette écriture... Ah! par exemple, ce serait trop fort.

CARLZ.

Eh bien?

DE SAINT-APLOMB, *à part.*

Ma foi! je crois décidément que le ciel nous protége...
Voyons. (*Haut.*) Savez-vous quelle est cette femme?

CARLZ.

Amélie!

DE SAINT-APLOMB.

Non... Cléopâtre.

CARLZ.

Amélie!

DE SAINT-APLOMB.

Non... Cléopâtre! Cléopâtre-Amélie — Amélie-Cléopâ-
tre. — Enfin, celle qui m'a ruiné! celle... qui eût fait de
vous, plus tard, ce qu'elle a fait de moi plus tôt... qui se
rit des douleurs d'autrui et qui n'a d'amour qu'autant...

CARLZ.

Taisez-vous! ce n'est pas vrai.

DE SAINT-APLOMB, *lui présentant le médaillon.*

Tenez, reconnaissez-vous ce portrait?

CARLZ.

Ce portrait?... (*Le reconnaissant.*) Amélie!... (*Il reste
anéanti.*)

DE SAINT-APLOMB, *froidement et à part.*

C'était bien la même! — (*Regardant le portrait.*) Oh!

Lucrezia Borgia!... J'en parle italien... (*Allant à Carlz.*) Eh bien, mon ami, me croyez-vous maintenant?

CARLZ.

Amélie!

DE SAINT-APLOMB.

Non, non, Cléopâtre... Allons! il n'y faut plus penser.

CARLZ, *résolument.*

Oh! je vous le jure. Vous avez raison, l'indignité de cette femme m'ouvre les yeux. O mon père! me pardonnerez-vous maintenant?

DE SAINT-APLOMB, *s'attendrissant.*

Oui — votre vieux père! — et votre fiancée — qui vous attend là-bas, en pleurant. Car ces femmes-là sont des anges qui attendent toujours: — elles meurent, mais elles ne se... (*cherchant*) jamais! — comme dans la garde! — Partons.

CARLZ.

Oui, oui, partons, partons. (*Au moment où ils vont pour sortir, on entend Catherine qui chante dans la coulisse. Carlz s'arrête tout à coup.*)

CATHERINE, *en dehors.*

Air breton de M. Kriesel.

Kernoël quittait la Bretagne,
Ses landes et ses genêts d'or...

CARLZ.

Cet air?...

DE SAINT-APLOMB.

Éh bien, quoi? c'est la bonne de l'auberge qui chante.

CATHERINE, *de même.*

Gillette, au bas de la montagne,
L'attendait pour le voir encor.
Je reviendrai, dit-il, fillette,
Lorsque mon temps sera rempli...

CARLZ.

Mais je reconnais cette voix... cette chanson!

CATHERINE, *de même.*

Priez pour la pauvre Gillette,
Car la tombe est sœur de l'oubli...

DE SAINT-APLOMB, *apercevant la bonne qui rentre portant une lettre.*

Vous voyez bien que c'était la bonne qui chantait. Tenez, la voilà qui nous apporte l'addition.

JUSTINE, *à de Saint-Aplomb.*

C'est y vous qu'êtes M'sieu Louis Boret?

CARLZ.

Louis Boret! c'est moi.... Mais comment se fait-il?

JUSTINE.

Ah! ah! dame, je n'sais point, M'sieu; on m'a dit seulement d'y remettre c'tte lettre.

CARLZ.

Donne. (*Justine sort. — Carlz, après avoir lu.*) O ciel! Catherine ici!

DE SAINT-APLOMB.

Que dites-vous?

CARLZ.

Oh! je savais bien que je ne me trompais pas. — Tenez, tenez, lisez plutôt. (*Il lui donne la lettre.*)

DE SAINT-APLOMB, *lisant.*

« Adieu, Louis... adieu, mon cousin. Je n'ai pas voulu
« mourir sans vous avoir revu; mais l'instant que nous
« avons passé ensemble sera le dernier, car vous l'avez
« dit vous-même : je ne suis qu'une paysanne indigne de
« votre amour... Adieu donc, soyez heureux ! Catherine. »
Par exemple! voilà qui tient de la magie... Si je m'attendais...

CARLZ, *hors de lui.*

Ah mais, il faut que je la revoie... que je lui parle...
Vous m'aiderez, n'est-ce pas? Venez, venez !... (*On entend la voix de Mme Pommechaix.*)

DE SAINT-APLOMB, *l'arrêtant.*

Attendez!

SCÈNE XII.

Les Mêmes, Mme POMMECHAIX, CATHERINE.

Mme POMMECHAIX, *amenant Catherine.*

Allons! allons! quoiqu'c'est que ces idées-là? Mais quand on ne veut plus revoir les gens, on leuz-y dit en face. — Venez... Où qu'il est, ce mauvais sujet? (*Apercevant les jeunes gens.*) Ah! ah,!... (*Présentant Catherine.*) Tenez, m'sieu Louis Boret, v'là vot' cousine à qui qu'vous avez fait du chagrin et qui va vous dire vot'fait. (*Poussant Catherine au milieu de la scène.*) Allons, Mam'selle, dites-y... dites-y. (*Catherine reste immobile les yeux baissés.*)—(*A part.*) All' n'dira rien du tout... j'connais ça.

CARLZ, *s'avançant avec crainte.*

Catherine! je suis bien coupable, il est vrai; mais si je vous jurais que mon cœur n'a jamais été qu'à vous, à vous seule? Et le ciel m'est témoin que dans l'instant je partais pour aller vous retrouver, pour ne plus vous quitter... car, je le sens maintenant, si je devais vous perdre, j'en mourrais. (*Il tombe à ses genoux.*) Tenez, je suis à vos pieds, ayez pitié de ma douleur; et vous l'avez dit vous-même: avec un repentir sincère on obtient toujours son pardon.

DE SAINT-APLOMB, *se mettant aux genoux de Catherine.*

Permettez que j'implore aussi en faveur d'un ami. Eh! mon Dieu, nous avons tous passé par là; c'est un moment d'erreur. L'orage a grondé, mais il suffit d'un rayon de soleil pour nous faire voir la fleur qui se cache sous l'herbe. (*Embarrassé.*) Et puis... après l'orage... on entend... les petits oiseaux... Allons, parlez, nous vous écoutons.

Air : *Un boudoir où nous n'boud'rons pas.* (Tambour battant.)

CARLZ.

Ayez pitié du pénitent !
Grâce pour celui qui vous aime ,
Pour celui qui vous aime tant ,
Que son âme vit en vous-même.

CATHERINE.

Oh ! mon cœur est rempli d'émoi ,
Et le courage m'abandonne ;
Mon amour est plus fort que moi...
Relevez-vous, je vous pardonne.

(*Carlz et de Saint-Aplomb se relèvent.*)

CARLZ.

Ah ! Catherine, Catherine, que je suis heureux !

Mᵐᵉ POMMECHAIX, *s'essuyant les yeux.*

Tenez, j'en pleure comme un enfant.

DE SAINT-APLOMB.

V'lan ! ça y est pour tout de bon, cette fois ; et dire que c'est mon ouvrage ! (*Il s'essuie le front.*) J'ai donc réussi à quelque chose... mon étoile va changer.

CARLZ.

Et pour commencer, mon cher Auguste, vous ne nous
quitterez plus. Venez avec nous, il y aura toujours pour
vous une place dans la maison de mon père.

DE SAINT-APLOMB.

Ma foi, j'accepte. Enfoncé l'art dramatique. Gros marchand de farine, nom d'un petit bonhomme ! (*A part.*) Ça
fait que si je tombe, je tomberai dedans.

CARLZ.

Ah mais, j'y pense... et nos engagements ? car nous
avons signé pour Besançon.

DE SAINT-APLOMB.

Tiens ! c'est vrai.

CARLZ.

Oh mais, rassurez-vous, mon cher Auguste, une fois
remis avec mon père, nous aurons de quoi payer le dédit.

DE SAINT-APLOMB.

Merci, merci pour moi ; c'est inutile que je fasse seulement un début, et le public se charge de mon affaire... ça
me connaît.

ENSEMBLE.

Air : de la Sirène.

Retournons au village ;
Plus d'ennuis, de débats. .

L'hymen qui nous engage
Va finir nos combats.

DE SAINT-APLOMB, *au public.*

Air : *De sommeiller encor, ma chère.*

Puisque j'ai l'air d'être si fort en veine,
Pardon, Messieurs, je viens vous implorer...
Oh ! pas pour moi. Ce serait chose vaine :
A vos bravos je ne peux aspirer.
Mais par ma voix, quand va baisser la toile,
Un jeune auteur vous demande merci ;
Rappelez-vous que j'ai changé d'étoile
Et proclamez que tout m'a réussi.

REPRISE DE L'ENSEMBLE.

FIN.

9 782013 382595